Password Journal

(Watercolor)

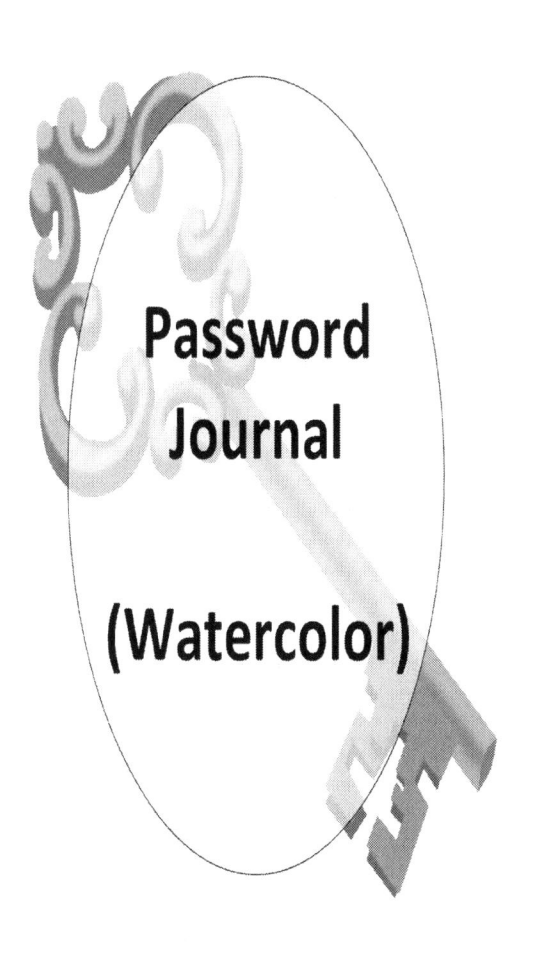

Kim Marie Johnson

SOMETHING BEAUTIFUL is about to happen... ©

My Discreet Password Journal (Watercolor)

Design:
Kim Marie Johnson

Cover Photo:
Designed by Kim Marie Johnson

Copyright © 2016 by Kim Marie Johnson. All Rights Reserved. No portion of this book may be copied or used in any manner without express written permission of the author.

For more information contact: Kim Marie Johnson
kmjdesign@ELberton.net

ISBN 13: 978-1537120058
ISBN 10: 1537120050

This Book Belongs To

I hope you enjoy My Discreet Password Journal. The journal is divided into three parts. In Part One, My Personal Passwords, record passwords such as credit cards and bank cards. In the second part, My Computer Passwords, record the website, Url (Web Address,) and Passwords. Computer Password sections allow for multiple password changes. In Part three, record Important contact information.

Never again will you have to search for passwords you cannot remember. All your credit card accounts, on-line passwords and security prompts, along with important contact information will be in one place and at your fingertips.

Creating passwords is a serious business. You should never use your birthday as your password and never, ever use your social security number. Create passwords that trigger your memory. For example: For flowersareus.com (not a real site) I might use prettyflowers4KMJ as my password. Keep it simple. Use numbers and upper and lower case letters in your password. You might use the initials of your grandchildren or the old phone number you had as a child. Change your passwords at least once a year.

My Personal Passwords

Place _____

Phone _____

Account # _____

Username _____

Password _____

Active Y/N _____ *Date* _____

Place _____

Phone _____

Account # _____

Username _____

Password _____

Active Y/N _____ *Date* _____

Place _____

Phone _____

Account # _____

Username _____

Password _____

Active Y/N _____ *Date* _____

Place _____

Phone _____

Account # _____

Username _____

Password _____

Active Y/N _____ *Date* _____

Place _____

Phone _____

Account # _____

Username _____

Password _____

Active Y/N _____ *Date* _____

Place _____

Phone _____

Account # _____

Username _____

Password _____

Active Y/N _____ *Date* _____

Place _____

Phone _____

Account # _____

Username _____

Password _____

Active Y/N _____ *Date* _____

Place _____

Phone _____

Account # _____

Username _____

Password _____

Active Y/N _____ *Date* _____

Place _____

Phone _____

Account # _____

Username _____

Password _____

Active Y/N _____ *Date* _____

Place _____

Phone _____

Account # _____

Username _____

Password _____

Active Y/N _____ *Date* _____

Place _____

Phone _____

Account # _____

Username _____

Password _____

Active Y/N _____ *Date* _____

Place _____

Phone _____

Account # _____

Username _____

Password _____

Active Y/N _____ *Date* _____

Place _____

Phone _____

Account # _____

Username _____

Password _____

Active Y/N _____ *Date* _____

Place _____

Phone _____

Account # _____

Username _____

Password _____

Active Y/N _____ *Date* _____

Place _____

Phone _____

Account # _____

Username _____

Password _____

Active Y/N _____ *Date* _____

Place _____

Phone _____

Account # _____

Username _____

Password _____

Active Y/N _____ *Date* _____

Place _____

Phone _____

Account # _____

Username _____

Password _____

Active Y/N _____ *Date* _____

Place _____

Phone _____

Account # _____

Username _____

Password _____

Active Y/N _____ *Date* _____

Place _____

Phone _____

Account # _____

Username _____

Password _____

Active Y/N _____ *Date* _____

Place _____

Phone _____

Account # _____

Username _____

Password _____

Active Y/N _____ *Date* _____

Place _____

Phone _____

Account # _____

Username _____

Password _____

Active Y/N _____ *Date* _____

Place _____

Phone _____

Account # _____

Username _____

Password _____

Active Y/N _____ *Date* _____

Place _____

Phone _____

Account # _____

Username _____

Password _____

Active Y/N _____ *Date* _____

Place _____

Phone _____

Account # _____

Username _____

Password _____

Active Y/N _____ *Date* _____

Place _____

Phone _____

Account # _____

Username _____

Password _____

Active Y/N _____ *Date* _____

Place _____

Phone _____

Account # _____

Username _____

Password _____

Active Y/N _____ *Date* _____

Place _____

Phone _____

Account # _____

Username _____

Password _____

Active Y/N _____ *Date* _____

Place _____

Phone _____

Account # _____

Username _____

Password _____

Active Y/N _____ *Date* _____

Place _____

Phone _____

Account # _____

Username _____

Password _____

Active Y/N _____ *Date* _____

Place _____

Phone _____

Account # _____

Username _____

Password _____

Active Y/N _____ *Date* _____

Place _____

Phone _____

Account # _____

Username _____

Password _____

Active Y/N _____ *Date* _____

Place _____

Phone _____

Account # _____

Username _____

Password _____

Active Y/N _____ *Date* _____

Place _____

Phone _____

Account # _____

Username _____

Password _____

Active Y/N _____ *Date* _____

Place _____

Phone _____

Account # _____

Username _____

Password _____

Active Y/N _____ *Date* _____

Place _____

Phone _____

Account # _____

Username _____

Password _____

Active Y/N _____ *Date* _____

Place _____

Phone _____

Account # _____

Username _____

Password _____

Active Y/N _____ *Date* _____

Place _____

Phone _____

Account # _____

Username _____

Password _____

Active Y/N _____ *Date* _____

Place _____

Phone _____

Account # _____

Username _____

Password _____

Active Y/N _____ *Date* _____

Place _____

Phone _____

Account # _____

Username _____

Password _____

Active Y/N _____ *Date* _____

Place _____

Phone _____

Account # _____

Username _____

Password _____

Active Y/N _____ *Date* _____

Place _____

Phone _____

Account # _____

Username _____

Password _____

Active Y/N _____ *Date* _____

Place _____

Phone _____

Account # _____

Username _____

Password _____

Active Y/N _____ *Date* _____

My Computer Passwords

Web-Site _____

URL _____

Account # _____

Username _____

Password _____

E-Mail _____

Active Y/N __ *Date Changed* _____

Password _____

Active Y/N __ *Date Changed* _____

Password _____

Active Y/N __ *Date Changed* _____

Password Prompts _____

_____

Web-Site _____

URL _____

Account # _____

Username _____

Password _____

E-Mail _____

Active Y/N __ Date Changed _____

Password _____

Active Y/N __ Date Changed _____

Password _____

Active Y/N __ Date Changed _____

Password Prompts _____

_____

Web-Site _____

URL _____

Account # _____

Username _____

Password _____

E-Mail _____

Active Y/N __ Date Changed _____

Password _____

Active Y/N __ Date Changed _____

Password _____

Active Y/N __ Date Changed _____

Password Prompts _____

_____

Web-Site _____

URL _____

Account # _____

Username _____

Password _____

E-Mail _____

Active Y/N __ Date Changed _____

Password _____

Active Y/N __ Date Changed _____

Password _____

Active Y/N __ Date Changed _____

Password Prompts _____

_____

*Web-Site*_____

URL _____

Account # _____

Username _____

Password _____

E-Mail _____

Active Y/N __ Date Changed _____

Password _____

Active Y/N __ Date Changed _____

Password _____

Active Y/N __ Date Changed _____

Password Prompts _____

_____

*Web-Site*_____

URL _____

Account # _____

Username _____

Password _____

E-Mail _____

Active Y/N __ *Date Changed* _____

Password _____

Active Y/N __ *Date Changed* _____

Password _____

Active Y/N __ *Date Changed* _____

Password Prompts _____

_____

Web-Site_____

URL _____

Account # _____

Username _____

Password _____

E-Mail _____

Active Y/N __ Date Changed _____

Password _____

Active Y/N __ Date Changed _____

Password _____

Active Y/N __ Date Changed _____

Password Prompts _____

_____

Web-Site _____

URL _____

Account # _____

Username _____

Password _____

E-Mail _____

Active Y/N __ Date Changed _____

Password _____

Active Y/N __ Date Changed _____

Password _____

Active Y/N __ Date Changed _____

Password Prompts _____

_____

*Web-Site*_____

URL _____

Account # _____

Username _____

Password _____

E-Mail _____

Active Y/N __ Date Changed _____

Password _____

Active Y/N __ Date Changed _____

Password _____

Active Y/N __ Date Changed _____

Password Prompts _____

_____

Web-Site _____

URL _____

Account # _____

Username _____

Password _____

E-Mail _____

Active Y/N __ Date Changed _____

Password _____

Active Y/N __ Date Changed _____

Password _____

Active Y/N __ Date Changed _____

Password Prompts _____

_____

Web-Site _____

URL _____

Account # _____

Username _____

Password _____

E-Mail _____

Active Y/N __ Date Changed _____

Password _____

Active Y/N __ Date Changed _____

Password _____

Active Y/N __ Date Changed _____

Password Prompts _____

_____

Web-Site _____

URL _____

Account # _____

Username _____

Password _____

E-Mail _____

Active Y/N __ Date Changed _____

Password _____

Active Y/N __ Date Changed _____

Password _____

Active Y/N __ Date Changed _____

Password Prompts _____

_____

Web-Site _____

URL _____

Account # _____

Username _____

Password _____

E-Mail _____

Active Y/N __ *Date Changed* _____

Password _____

Active Y/N __ *Date Changed* _____

Password _____

Active Y/N __ *Date Changed* _____

Password Prompts _____

_____

*Web-Site*_____

URL _____

Account # _____

Username _____

Password _____

E-Mail _____

Active Y/N __ *Date Changed* _____

Password _____

Active Y/N __ *Date Changed* _____

Password _____

Active Y/N __ *Date Changed* _____

Password Prompts _____

_____

Web-Site _____

URL _____

Account # _____

Username _____

Password _____

E-Mail _____

Active Y/N __ *Date Changed* _____

Password _____

Active Y/N __ *Date Changed* _____

Password _____

Active Y/N __ *Date Changed* _____

Password Prompts _____

_____

Web-Site _____

URL _____

Account # _____

Username _____

Password _____

E-Mail _____

Active Y/N __ Date Changed _____

Password _____

Active Y/N __ Date Changed _____

Password _____

Active Y/N __ Date Changed _____

Password Prompts _____

_____

*Web-Site*_____

URL _____

Account # _____

Username _____

Password _____

E-Mail _____

Active Y/N __ Date Changed _____

Password _____

Active Y/N __ Date Changed _____

Password _____

Active Y/N __ Date Changed _____

Password Prompts _____

_____

*Web-Site*_____

URL _____

Account # _____

Username _____

Password _____

E-Mail _____

Active Y/N __ *Date Changed* _____

Password _____

Active Y/N __ *Date Changed* _____

Password _____

Active Y/N __ *Date Changed* _____

Password Prompts _____

_____

*Web-Site*_____

URL _____

Account # _____

Username _____

Password _____

E-Mail _____

Active Y/N __ *Date Changed* _____

Password _____

Active Y/N __ *Date Changed* _____

Password _____

Active Y/N __ *Date Changed* _____

Password Prompts _____

_____

Web-Site _____

URL _____

Account # _____

Username _____

Password _____

E-Mail _____

Active Y/N __ Date Changed _____

Password _____

Active Y/N __ Date Changed _____

Password _____

Active Y/N __ Date Changed _____

Password Prompts _____

_____

*Web-Site*_____

URL _____

Account # _____

Username _____

Password _____

E-Mail _____

Active Y/N __ Date Changed _____

Password _____

Active Y/N __ Date Changed _____

Password _____

Active Y/N __ Date Changed _____

Password Prompts _____

_____

*Web-Site*_____

URL _____

Account # _____

Username _____

Password _____

E-Mail _____

Active Y/N __ *Date Changed* _____

Password _____

Active Y/N __ *Date Changed* _____

Password _____

Active Y/N __ *Date Changed* _____

Password Prompts _____

_____

Web-Site_____

URL _____

Account # _____

Username _____

Password _____

E-Mail _____

Active Y/N __ Date Changed _____

Password _____

Active Y/N __ Date Changed _____

Password _____

Active Y/N __ Date Changed _____

Password Prompts _____

_____

Web-Site _____

URL _____

Account # _____

Username _____

Password _____

E-Mail _____

Active Y/N __ *Date Changed* _____

Password _____

Active Y/N __ *Date Changed* _____

Password _____

Active Y/N __ *Date Changed* _____

Password Prompts _____

_____

*Web-Site*_____

URL _____

Account # _____

Username _____

Password _____

E-Mail _____

Active Y/N __ *Date Changed* _____

Password _____

Active Y/N __ *Date Changed* _____

Password _____

Active Y/N __ *Date Changed* _____

Password Prompts _____

_____

Web-Site _____

URL _____

Account # _____

Username _____

Password _____

E-Mail _____

Active Y/N __ Date Changed _____

Password _____

Active Y/N __ Date Changed _____

Password _____

Active Y/N __ Date Changed _____

Password Prompts _____

_____

*Web-Site*_____

URL _____

Account # _____

Username _____

Password _____

E-Mail _____

Active Y/N __ Date Changed _____

Password _____

Active Y/N __ Date Changed _____

Password _____

Active Y/N __ Date Changed _____

Password Prompts _____

_____

*Web-Site*_____

URL _____

Account # _____

Username _____

Password _____

E-Mail _____

Active Y/N __ Date Changed _____

Password _____

Active Y/N __ Date Changed _____

Password _____

Active Y/N __ Date Changed _____

Password Prompts _____

_____

*Web-Site*_____

URL _____

Account # _____

Username _____

Password _____

E-Mail _____

Active Y/N __ *Date Changed* _____

Password _____

Active Y/N __ *Date Changed* _____

Password _____

Active Y/N __ *Date Changed* _____

Password Prompts _____

_____

*Web-Site*_____

URL _____

Account # _____

Username _____

Password _____

E-Mail _____

Active Y/N __ Date Changed _____

Password _____

Active Y/N __ Date Changed _____

Password _____

Active Y/N __ Date Changed _____

Password Prompts _____

_____

*Web-Site*_____

URL _____

Account # _____

Username _____

Password _____

E-Mail _____

Active Y/N __ *Date Changed* _____

Password _____

Active Y/N __ *Date Changed* _____

Password _____

Active Y/N __ *Date Changed* _____

Password Prompts _____

_____

*Web-Site*_____

URL _____

Account # _____

Username _____

Password _____

E-Mail _____

Active Y/N __ *Date Changed* _____

Password _____

Active Y/N __ *Date Changed* _____

Password _____

Active Y/N __ *Date Changed* _____

Password Prompts _____

_____

Web-Site _____

URL _____

Account # _____

Username _____

Password _____

E-Mail _____

Active Y/N __ *Date Changed* _____

Password _____

Active Y/N __ *Date Changed* _____

Password _____

Active Y/N __ *Date Changed* _____

Password Prompts _____

_____

Web-Site _____

URL _____

Account # _____

Username _____

Password _____

E-Mail _____

Active Y/N __ Date Changed _____

Password _____

Active Y/N __ Date Changed _____

Password _____

Active Y/N __ Date Changed _____

Password Prompts _____

_____

Web-Site _____

URL _____

Account # _____

Username _____

Password _____

E-Mail _____

Active Y/N __ Date Changed _____

Password _____

Active Y/N __ Date Changed _____

Password _____

Active Y/N __ Date Changed _____

Password Prompts _____

_____

Web-Site _____

URL _____

Account # _____

Username _____

Password _____

E-Mail _____

Active Y/N __ *Date Changed* _____

Password _____

Active Y/N __ *Date Changed* _____

Password _____

Active Y/N __ *Date Changed* _____

Password Prompts _____

_____

Web-Site _____

URL _____

Account # _____

Username _____

Password _____

E-Mail _____

Active Y/N __ *Date Changed* _____

Password _____

Active Y/N __ *Date Changed* _____

Password _____

Active Y/N __ *Date Changed* _____

Password Prompts _____

_____

Web-Site _____

URL _____

Account # _____

Username _____

Password _____

E-Mail _____

Active Y/N __ Date Changed _____

Password _____

Active Y/N __ Date Changed _____

Password _____

Active Y/N __ Date Changed _____

Password Prompts _____

_____

Web-Site _____

URL _____

Account # _____

Username _____

Password _____

E-Mail _____

Active Y/N __ *Date Changed* _____

Password _____

Active Y/N __ *Date Changed* _____

Password _____

Active Y/N __ *Date Changed* _____

Password Prompts _____

_____

Web-Site _____

URL _____

Account # _____

Username _____

Password _____

E-Mail _____

Active Y/N __ *Date Changed* _____

Password _____

Active Y/N __ *Date Changed* _____

Password _____

Active Y/N __ *Date Changed* _____

Password Prompts _____

_____

Web-Site _____

URL _____

Account # _____

Username _____

Password _____

E-Mail _____

Active Y/N ___ *Date Changed* _____

Password _____

Active Y/N ___ *Date Changed* _____

Password _____

Active Y/N ___ *Date Changed* _____

Password Prompts _____

_____

*Web-Site*_____

URL _____

Account # _____

Username _____

Password _____

E-Mail _____

Active Y/N __ Date Changed _____

Password _____

Active Y/N __ Date Changed _____

Password _____

Active Y/N __ Date Changed _____

Password Prompts _____

_____

*Web-Site*_____

URL _____

Account # _____

Username _____

Password _____

E-Mail _____

Active Y/N __ *Date Changed* _____

Password _____

Active Y/N __ *Date Changed* _____

Password _____

Active Y/N __ *Date Changed* _____

Password Prompts _____

_____

Web-Site _____

URL _____

Account # _____

Username _____

Password _____

E-Mail _____

Active Y/N __ *Date Changed* _____

Password _____

Active Y/N __ *Date Changed* _____

Password _____

Active Y/N __ *Date Changed* _____

Password Prompts _____

_____

Web-Site _____

URL _____

Account # _____

Username _____

Password _____

E-Mail _____

Active Y/N __ Date Changed _____

Password _____

Active Y/N __ Date Changed _____

Password _____

Active Y/N __ Date Changed _____

Password Prompts _____

_____

*Web-Site*_____

URL _____

Account # _____

Username _____

Password _____

E-Mail _____

Active Y/N __ Date Changed _____

Password _____

Active Y/N __ Date Changed _____

Password _____

Active Y/N __ Date Changed _____

Password Prompts _____

_____

Web-Site _____

URL _____

Account # _____

Username _____

Password _____

E-Mail _____

Active Y/N __ Date Changed _____

Password _____

Active Y/N __ Date Changed _____

Password _____

Active Y/N __ Date Changed _____

Password Prompts _____

_____

*Web-Site*_____

URL _____

Account # _____

Username _____

Password _____

E-Mail _____

Active Y/N __ Date Changed _____

Password _____

Active Y/N __ Date Changed _____

Password _____

Active Y/N __ Date Changed _____

Password Prompts _____

_____

Web-Site _____

URL _____

Account # _____

Username _____

Password _____

E-Mail _____

Active Y/N __ Date Changed _____

Password _____

Active Y/N __ Date Changed _____

Password _____

Active Y/N __ Date Changed _____

Password Prompts _____

_____

Web-Site _____

URL _____

Account # _____

Username _____

Password _____

E-Mail _____

Active Y/N __ Date Changed _____

Password _____

Active Y/N __ Date Changed _____

Password _____

Active Y/N __ Date Changed _____

Password Prompts _____

_____

*Web-Site*_____

URL _____

Account # _____

Username _____

Password _____

E-Mail _____

Active Y/N __ Date Changed _____

Password _____

Active Y/N __ Date Changed _____

Password _____

Active Y/N __ Date Changed _____

Password Prompts _____

_____

Important Contacts

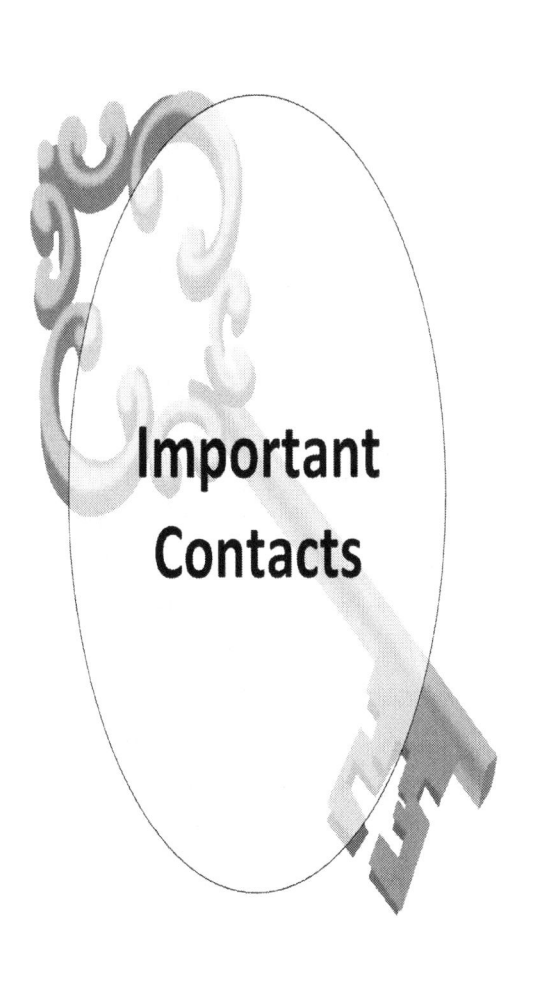

*Name*_____

Company _____

E-Mail _____

Phone _____

*Name*_____

Company _____

E-Mail _____

Phone _____

*Name*_____

Company _____

E-Mail _____

Phone _____

*Name*_____

Company _____

E-Mail _____

Phone _____

*Name*_____

Company _____

E-Mail _____

Phone _____

*Name*_____

Company _____

E-Mail _____

Phone _____

*Name*_____

Company _____

E-Mail _____

Phone _____

*Name*_____

Company _____

E-Mail _____

Phone _____

*Name*_____

Company _____

E-Mail _____

Phone _____

*Name*_____

Company _____

E-Mail _____

Phone _____

*Name*_____

Company _____

E-Mail _____

Phone _____

*Name*_____

Company _____

E-Mail _____

Phone _____

*Name*_____

Company _____

E-Mail _____

Phone _____

*Name*_____

Company _____

E-Mail _____

Phone _____

*Name*_____

Company _____

E-Mail _____

Phone _____

*Name*_____

Company _____

E-Mail _____

Phone _____

*Name*_____

Company _____

E-Mail _____

Phone _____

*Name*_____

Company _____

E-Mail _____

Phone _____

*Name*_____

Company _____

E-Mail _____

Phone _____

*Name*_____

Company _____

E-Mail _____

Phone _____

*Name*_____

Company _____

E-Mail _____

Phone _____

*Name*_____

Company _____

E-Mail _____

Phone _____

*Name*_____

Company _____

E-Mail _____

Phone _____

*Name*_____

Company _____

E-Mail _____

Phone _____

*Name*_____

Company _____

E-Mail _____

Phone _____

*Name*_____

Company _____

E-Mail _____

Phone _____

*Name*_____

Company _____

E-Mail _____

Phone _____

*Name*_____

Company _____

E-Mail _____

Phone _____

*Name*_____

Company _____

E-Mail _____

Phone _____

*Name*_____

Company _____

E-Mail _____

Phone _____

*Name*_____

Company _____

E-Mail _____

Phone _____

*Name*_____

Company _____

E-Mail _____

Phone _____

*Name*_____

Company _____

E-Mail _____

Phone _____

SOMETHING BEAUTIFUL
Is about to happen...

Something Beautiful
by
Kim Marie Johnson

Visit my Blogs
www.kimmariejohnson.net
www.somethingbeautiful.weebly.com
www.mywisteriacottage.weebly.com

somethingbeautiful@elberton.net

Kim Marie Johnson is a writer, artist, and designer. She holds a BFA in Interior Design from UGA and has been designing interiors for more than 25 years. She is also a professional organizer, teacher and speaker. Most important to her is her relationship with God, her three children and five grandchildren who inspire her every second of every day.

Made in the USA
Middletown, DE
12 December 2016